BEI GRIN MACHT SICH IHR WISSEN BEZAHLT

- Wir veröffentlichen Ihre Hausarbeit, Bachelor- und Masterarbeit

- Ihr eigenes eBook und Buch - weltweit in allen wichtigen Shops

- Verdienen Sie an jedem Verkauf

Jetzt bei www.GRIN.com hochladen und kostenlos publizieren

Bibliografische Information der Deutschen Nationalbibliothek:

Die Deutsche Bibliothek verzeichnet diese Publikation in der Deutschen Nationalbibliografie; detaillierte bibliografische Daten sind im Internet über http://dnb.d-nb.de/ abrufbar.

Dieses Werk sowie alle darin enthaltenen einzelnen Beiträge und Abbildungen sind urheberrechtlich geschützt. Jede Verwertung, die nicht ausdrücklich vom Urheberrechtsschutz zugelassen ist, bedarf der vorherigen Zustimmung des Verlages. Das gilt insbesondere für Vervielfältigungen, Bearbeitungen, Übersetzungen, Mikroverfilmungen, Auswertungen durch Datenbanken und für die Einspeicherung und Verarbeitung in elektronische Systeme. Alle Rechte, auch die des auszugsweisen Nachdrucks, der fotomechanischen Wiedergabe (einschließlich Mikrokopie) sowie der Auswertung durch Datenbanken oder ähnliche Einrichtungen, vorbehalten.

Impressum:

Copyright © 2017 GRIN Verlag
Druck und Bindung: Books on Demand GmbH, Norderstedt Germany
ISBN: 9783668823013

Dieses Buch bei GRIN:

https://www.grin.com/document/438886

Sebastian Schuster

Dramenanalyse von Frank Wedekinds "Frühlings Erwachen. Eine Kindertragödie"

Ausschnitt aus Akt 3, Szene 5

GRIN - Your knowledge has value

Der GRIN Verlag publiziert seit 1998 wissenschaftliche Arbeiten von Studenten, Hochschullehrern und anderen Akademikern als eBook und gedrucktes Buch. Die Verlagswebsite www.grin.com ist die ideale Plattform zur Veröffentlichung von Hausarbeiten, Abschlussarbeiten, wissenschaftlichen Aufsätzen, Dissertationen und Fachbüchern.

Besuchen Sie uns im Internet:

http://www.grin.com/

http://www.facebook.com/grincom

http://www.twitter.com/grin_com

Dramenanalyse: Frank Wedekinds „Frühlings Erwachen. Eine Kindertragödie"

Ausschnitt aus Akt 3, Szene 5

Sebastian Schuster

Inhaltsverzeichnis

- Schreibplan 3
- Einleitung 4
- Inhaltsangabe und Gesprächsführung 4
- Dramaturgische Mittel 6
- Sprachlich-stilistische Analyse 8
- Vergleich mit „Emilia Galotti" 10
- Schluss 11

Schreibplan

A Der Geschlechtsakt vor der Ehe – Damals und heute

B Erschließung von Frank Wedekinds Drama „Frühlings Erwachen. Eine Kindertragödie" (III/5)

    I. Inhaltsangabe und Analyse der Gesprächsführung
        1. Frage nach Wendlas Krankheit
        2. Konfrontation Wendlas mit ihrer Schwangerschaft
        3. Vertiefung der Problematik und emotionale Annäherung
        4. Unterbrechung durch ein Klopfen an der Haustür

    II. Dramaturgische Mittel
        1. Form der Kommunikation
            1.1 Zuspitzung des Gesprächs im ersten Sinnabschnitt
            1.2 Vorwürfe und Rechtfertigungen
            1.3 Wechsel der vorwerfenden Person
            1.4 Gelingen der Kommunikation
        2. Verteilung der Redeanteile
        3. Figurendarstellung
        4. Raumgestaltung
        5. Zeitgestaltung

    III. Sprachlich-stilistische Analyse
        1. Ausruf mit Wiederholung
        2. Zweifache Wiederholungen
        3. Dreifache Wiederholung ergänzt durch einen religiösen Ausdruck
        4. Religiöser Ausdruck mit dreifacher Namenswiederholung
        5. Religiöse Ausdruckswahl
        6. Sprachliche Hervorhebung der Nähe von Mutter und Tochter
        7. Metonymien: Herz als Symbol der Liebe
        8. Parataktischer Satzbau
        9. Vergleich
        10. Widersprüchliche Aussagen

    IV. Vergleich mit Gotthold Ephraim Lessings Drama „Emilia Galotti"
        1. Grundsätzliche Schilderung der Situation in „Emilia Galotti"
        2. Vergleich der Ausgangsbedingungen
        3. Gegenüberstellung von Emilia und Wendla bezüglich der Schuld
        4. Gegenüberstellung von Emilia und Wendla bezüglich der Unschuld
        5. Gesamtaussage über Schuld und Unschuld

C Heutige Situation von Frauen in der religiös-fundamentalistischen Welt

Einleitung

Im Jahr 2017 stellt in der modernen mitteleuropäischen Gesellschaft das Ausführen des Geschlechtsaktes vor dem Geben des Eheversprechens kaum noch ein Problem dar. Heute ist es gesellschaftliche Realität, dass ein solches Ausleben des Sexualtriebes unabhängig vom Heiraten akzeptiert und praktiziert wird. Zunehmende Toleranz und gesellschaftliche Liberalisierung führte vor wenigen Monaten sogar dazu, dass die Ehe in der Bundesrepublik Deutschland auch für gleichgeschlechtlich lebende Partner geöffnet worden ist. Insgesamt lässt sich also feststellen, dass die Gesellschaft dem Individuum heute ein hohes Maß an Freiheit, die eigene Sexualität zu entfalten, gewährt. Doch dies war nicht immer der Fall. So dominierten noch im 19. Jahrhundert traditionell-religiöse Vorstellungen das Bild von Sittlichkeit einer Beziehung zwischen Mann und Frau. Ein Beispiel hierzu stellt Frank Wedekinds Drama „Frühlings Erwachen. Eine Kindertragödie" dar, welches im Jahr 1891 spielt. Inhaltlich beschäftigt es sich mit sich in der Pubertät befindenden Jugendlichen, welche damit beginnen, ihre Sexualität auszuleben. Dies stößt allerdings aufgrund gesellschaftlicher Intoleranz auf starken Gegenwind, während die Jugendlichen gleichzeitig mit psychischen Instabilität zu kämpfen haben.

Inhaltsangabe und Gesprächsführung

Im Folgenden soll ein Ausschnitt der fünften Szene des dritten Aktes des Dramas, in welchem der vierzehnjährigen Wendla aufgrund ihres Eisenmangels von Dr. Brausepulver Pillen verschrieben werden. Hierbei soll zuerst auf den Inhalt sowie die Gesprächsführung des Textauszugs eingegangen werden. Zuerst ist hier anzuführen, dass sich der Text in vier Sinnabschnitte untergliedern lässt. Inhaltlich befasst sich der erste Abschnitt (Z. 1-16) mit der Frage, welche Krankheit Wendla nun nach der Untersuchung durch ihren Arzt tatsächlich aufweise. So beginnt der Auszug damit, dass Wendla ihre Mutter fragt, was Dr. Brausepulver nun an ihr diagnostiziert habe. Hierauf antwortet Frau Bergmann, dass dieser nichts gesagt habe, woraufhin sie sich selbst widerspricht und eine Krankheit namens „Bleichsucht" ins Gespräch einbringt. Dies veranlasst die Tochter jedoch dazu, konkret nachzufragen, ob der Arzt diese Krankheit bei ihr tatsächlich diagnostiziert habe. Frau Bergmann weicht dieser Frage jedoch aus, welche ihrer Tochter aufgrund des scheinbar seitens des Arztes gegebenen Vorschlags rät, möglichst bald bestimmte Lebensmittel zum Wohle ihrer Gesundheit zu sich zu nehmen. Daraufhin wird von Wendla jedoch die Behauptung, sie habe die Bleichsucht, in Frage gestellt. Dies veranlasst die Mutter dazu, das Bestehen der Bleichsucht ihrer Tochter zu betonen, woraufhin Wendla vehement widerspricht. Sie betont, nicht an Bleich- sondern an Wassersucht zu leiden, woraufhin ihre Mutter nochmals bekräftigt, ihre Tochter leide an der Bleichsucht. Dies untermauert sie mit der Aussage eines Experten, des Arztes und fordert ihr Kind auf, sich zu beruhigen. Als Frau Bergmann behauptet, die Krankheit würde sich bessern, widerspricht ihr Wendla stark, welche noch einmal betont, an der Wassersucht zu leiden und darüber klagt, nun dem Tod nahezustehen. Emotional aufgebracht widerspricht die Mutter ihrer These, nun sterben zu müssen. Hiernach beginnt der zweite Abschnitt (Z. 17-25), in welchem Wendla von ihrer Mutter damit konfrontiert wird, dass sie nun schwanger sei. Zuerst wird Frau Bergmann von ihrer Tochter nach dem Grund ihrer traurig wirkenden Emotionslage gefragt, woraufhin diese jammernd nochmals betont, dass ihre Tochter nicht sterben müsse. Weiterhin wird Wendla mitgeteilt, sich nun in einer Schwangerschaft zu befinden, was mit einem Vorwurf an Wendla bezüglich ihres nun erzeugten Kindes endet. Die Tochter allerdings bekräftigt ihre Unschuld, woraufhin ihre Mutter sie mahnt, die Realität nicht zu verleugnen. Des Weiteren betont sie, sich über alles im Klaren zu sein, woraufhin Wendla bekräftigt, dass sie aufgrund ihrer noch nicht vollzogenen Heirat auch nicht schwanger sein könne. Daraufhin empört Frau Bergmann sich über die Tat ihrer Tochter, und wirft diese derselben erneut vor. Dieser Passage folgt der dritte Sinnabschnitt (Z. 26-38), welcher damit beginnt, dass Wendla ihrer Mutter mitteilt, sich nicht an das Geschehene erinnern zu können. Daraufhin gesteht sie ihr, mit einem Jungen im Heu gelegen zu haben und betont gleichzeitig den Stellenwert ihrer Mutter als einzige von ihr geliebte Person. Nachdem sich die Mutter gerührt gezeigt hat, wirft Wendla ihr das Verfehlen ihrer rechtzeitigen sexuellen Aufklärung vor, woraufhin Frau Bergmann versucht, ihre Tochter zu beruhigen. Sie versichert ihrer Tochter, nie geahnt zu haben, dass ihre Tochter in eine derartige Situation einer Schwangerschaft in jungen Jahren komme. Des Weiteren rechtfertigt sie die fehlende Aufklärung einer Vierzehnjährigen mit dem Argument, dass ihre Mutter bei genauso gehandelt habe. Zudem appelliert sie an ihre Tochter, religiöse Frömmigkeit zu bewahren und die Hoffnung nicht aufzugeben. Hiernach folgt der letzte Sinnabschnitt (Z. 39-43). Nachdem Wendla von ihrer Mutter nach dem Grund für ihr Zittern gefragt worden ist, antwortet diese, ein Klopfgeräusch gehört zu haben. In behutsamer Weise vermittelt Frau Bergmann ihrer Tochter, dies nicht wahrgenommen zu haben, schreitet jedoch zur Haustür und öffnet diese. Auf der Frage Wendlas nach der Identität des Gastes antwortet die Mutter, es handle sich um Mutter Schmidtin. Weiterhin hebt sie gegenüber ihres Gastes hervor, dass dieser nun zum rechten Zeitpunkt komme. Damit endet der Textauszug.

Dramaturgische Mittel

Nach dieser Analyse von Inhalt und Gesprächsführung des Textauszugs gilt es nun, auf verwendete dramaturgische Mittel einzugehen. Als erstes ist der Aspekt, wie die Beteiligten miteinander kommunizieren, unter die Lupe zu nehmen. So ist in Z. 1 und Z. 4 festzustellen, dass Wendla zuerst nur Fragen an ihren Kommunikationspartner, die Mutter, stellt. Nach einer ausgedrückten Vermutung bezüglich der eigenen Krankheit in Z. 7, positioniert sich die Tochter in Z. 9f. und in Z. 13f. stark zu ihrer These, sie habe die Wasser- und nicht die Bleichsucht. Hier lässt sich die Entwicklung der Gesprächsanteile Wendlas von vorsichtigem Fragen bis hin zu überzeugten Behauptungen erkennen. Auch die Aussagen der Mutter wandeln sich von relativen Aussagen (vgl. Z. 2f.) und Ratschlägen (vgl. Z. 5f.) zu absoluten Aussagen, wie „Barmherziger Himmel, du mußt nicht sterben!" (Z. 15f.). Im ersten Abschnitt ist also erkennbar, wie sich das Gespräch nach und nach zuspitzt und sich die Struktur der Kommunikation von einem Frage-Antwort-Schema hin zu einer emotional geladenen Auseinandersetzung zwischen Mutter und Tochter entwickelt. Des Weiteren setzt sich das Gespräch mit Vorwürfen Frau Bergmanns gegenüber ihrer Tochter fort, welche sich in der Position der Person befindet, welche sich für ihre Taten zu rechtfertigen hat. Bei Aussagen wie „O leugne nicht noch, Wendla" (Z. 21) wird klar, dass die Mutter sich voreingenommen in den Dialog mit ihrer Tochter begibt, da sie es zunächst nicht für möglich hält, dass ihrer Tochter sich über die möglichen Folgen ihres Handelns nicht im Klaren war (vgl. Z. 31f.). Wendla hingegen möchte die Realität klarstellen und ihrer Mutter vermitteln, dass sie tatsächlich unschuldig ist, was im Zusammenspiel mit der Voreingenommenheit der Mutter zu einer emotionalen Aufladung des Dialogs führt. Ab Z. 29 hingegen stellt nicht Frau Bergmann, sondern ihre Tochter die Vorwerfende dar. Hier muss sich wiederum die Mutter für ihre Vernachlässigung ihrer Pflicht, das eigene Kind aufzuklären, verantworten. Insgesamt lässt sich feststellen, dass durch die Voreingenommenheit der Mutter das Gelingen der Kommunikation erschwert wird. Auf die Frage Wendlas in Z. 1 folgt erst spät, in Z. 18, die Aufklärung der Tochter über ihre Schwangerschaft. Zudem stehen auch widersprüchliche Aussagen seitens der Mutter, wie „Er hat nichts gesagt. - Er sagte" (Z. 2) und „Niemand - - Schmidts Mutter aus der

Gartenstraße" (Z. 42) einer gelungenen Kommunikation im Weg.

Einen weiteren Aspekt, auf welchen im Rahmen der Analyse dramaturgischer Mittel einzugehen ist, stellt die Verteilung der Redeanteile im vorliegenden Textauszug dar. Hier ist zuerst auffällig, dass sämtliche Redebeiträge der Kommunikationspartner mindestens eine und maximal zwei Zeilen umfassen, was einen schnellen Austausch von Eindrücken und Informationsinhalten zwischen den Kommunikationspartnern zur Folge hat. Durch die kurzen Passagen, welche Tochter und Mutter einnehmen, wird Spannung erzeugt, welche das streitartige Gespräch in seiner Authentizität für den Leser noch steigert. Die einzige Ausnahme bezüglich der Länge der Redeanteile bildet ein neunzeiliger Redeabschnitt (Z. 30-38), welcher sinnvollerweise aufgrund der emotionalen Beruhigung des aufgeladenen Gespräches durch die Mutter einen längeren Teil des Textes einnimmt. Die Spannung wird so abgebaut. Hiermit schafft es Wedekind auch, eine Überleitung zwischen dem mit Elementen eines Streitgesprächs versehen Abschnitts der Szene und dem Gespräch zwischen Frau Bergmann und Frau Schmidt einen Übergang zu schaffen.

Weiterhin ist auf die Gestaltung der im Text auftretenden Figuren einzugehen. Zuerst ist hier anzuführen, dass Wendla recht eindimensional als unschuldige Tochter, welche ihrer Mutter ein hohes Maß an Liebe entgegenbringt (vgl. Z. 26f.), dargestellt wird. Zudem verfügt sie auch über ein hohes Maß an kindlicher Naivität, was sich damit belegen lässt, dass sie sich nicht im Klaren darüber ist, dass eine Schwangerschaft auch ohne Heirat möglich ist (vgl. Z. 23). Bei der Mutter hingegen lassen sich mehrere Facetten erkennen. Diese tritt zum einen als empörte, von religiös-traditionellen Werten geprägte Person auf, welche sich bezüglich der Schwangerschaft ihrer Tochter fassungslos zeigt, auf (vgl. Z. 24f.), zum anderen aber auch als liebevolle Vertrauensperson und Trostspenderin ihrer Tochter (vgl. Z. 34ff.).

Einen weiteren Aspekt, auf welchen eingegangen werden soll, stellt die Raumgestaltung dar. Obwohl dies nicht explizit im Text genannt wird, findet die Szene im Haus der Familie Bergmann statt, was sich unter anderem damit begründen lässt, dass die Mutter Frau Schmidtin die Tür öffnet (vgl. Z. 40) und sie hereinbittet (vgl. Z. 42f.). Die Tatsache, dass sich Mutter und Tochter zu Hause befinden verschafft dem Gespräch eine vertraute Atmosphäre. Während keine Dritten anwesend sind, können Wendla und Frau Bergmann geschützt von der traditionell-religiösen Gesellschaft miteinander in Dialog treten. Dieser Ort eignet sich also sehr gut um das Thema von Schwangerschaft, welche vor der Ehe eintritt, was ein gesellschaftliches Tabu darstellt, miteinander zu besprechen. Angesichts der ruhigen, heimischen Atmosphäre wirkt das Klopfen, welches in diese

Stimmung hineinbricht, umso eindringlicher.

Als letztes Element der dramaturgischen Analyse ist die Zeitgestaltung anzuführen. So besteht im vorliegenden Ausschnitt eine Zeitdeckung. Das Gespräch läuft an einem Stück ohne Unterbrechungen ab. Hierdurch in Kombination mit der heimischen Raumgestaltung wirkt die Szene noch lebendiger, da weder zeitliche noch räumliche Sprünge den Lesefluss stören.

Sprachlich-stilistische Analyse

Nun gilt es, den vorliegenden Textauszug auf seine sprachlich-stilistische Gestaltung zu untersuchen. Was hier zuerst auffällt, sind die zahlreichen im Text aufzufindenden Ausrufe. Dass Wendla sich darüber sorgt, dass nicht die Bleichsucht die Krankheit sei, die sie habe, wird sprachlich dadurch verstärkt, dass vom Ausruf „O" (Z. 7) Gebrauch gemacht wird. Zudem bekommt Wendlas Äußerung durch die Wiederholung des Wortes „Mutter" (Z. 7) auch einen jammernden Charakter. Indem Frau Bergmann als Antwort hierauf sowohl die Worte „Du hast die Bleichsucht." (Z. 8), als auch „Sei ruhig" (Z. 8), zweifach wiederholt, versucht sie, der Tochter ihre Zweifel diesbezüglich eindringlich auszutreiben. Auch ist davon auszugehen, dass Wedekind an Stellen wie dieser von Wiederholungen Gebrauch macht, um eine innerliche Überforderung der Mutter mit der Problematik auszudrücken. Des Weiteren ist zu erkennen, dass auf Wendlas Behauptung, nun sterben zu müssen, eine dreifache Wiederholung der Formulierung „Du mußt nicht Sterben" (Z. 15f.) folgt. Der Eindruck der Überforderung der Mutter wird durch diese dreifache Wiederholung noch gesteigert. Die Spitze dieser Steigerung bildet die letzte Wiederholung, welche zudem über den religiösen Ausdruck „Barmherziger Himmel" (Z. 15) verfügt. Mit diesen Wiederholungen mit abschließender deutlicher Intensitätssteigerung gelingt es, die Überzeugung der Mutter, dass ihre Tochter nicht die Bleichsucht habe, glaubwürdig auszudrücken. Bleibt man bei der religösen Ausdruckswahl, so stellt man fest, dass der angeführte Ausdruck in seiner Intensität nur durch einen anderen übertroffen wird. Hierbei handelt es sich um „Großer, gewaltiger Gott!" (Z. 24), was Frau Bergmanns erste Reaktion auf den Hinweis Wendlas, noch nicht verheiratet zu sein, darstellt. Hierdurch wird das hohe Maß an Empörung der Mutter bezüglich des gesellschaftlich aufgrund religiöser Traditionen tabuisierten Geschlechtsverkehrs vor der Ehe dargestellt. Auch wird durch eine dreifache Wiederholung des Namens „Wendla" (Z. 25) die Fassungslosigkeit bezüglich Wendlas Geschlechtsverkehr seitens der Mutter ausgedrückt. Zusammen mit der Formulierung

„O laß uns den lieben Gott vertrauen" (Z. 33) und „dann wird uns der liebe Gott nicht verlassen" (Z.35) bildet das bereits angeführte religiöse Vokabular einen Spiegel der Wichtigkeit von Religion für die Menschen des 19. Jahrhunderts. Diesen Aspekt hat Wedekind hier in Form religiöser Sprache sehr gut in das eigene Drama einfließen lassen. Des Weiteren ist auch anzuführen, wie im vorliegenden Textausschnitt die enge Verbundenheit zwischen Mutter und Tochter dargestellt wird. Zuerst ist anzuführen, dass Frau Bergmann hier ihre Tochter als „mein Kind" (Z. 31) oder „meine Wendla" (Z. 22) anspricht. Während sie im ersten Fall versucht, eine Nähe bezüglich im Zuge der Beruhigung ihrer Tochter herzustellen, betont sie im zweiten Fall die Tatsache, dass Wendla ihr Kind ist, als Ausdruck der Fassungslosigkeit über ihre Tochter. Weiterhin zeigen Metonymien wie „Mein Herzblatt" (Z. 28) oder „liebes Herz" (Z. 40), dass Frau Bergmann ihre Tochter zutiefst liebt. Dies ist daran erkennbar, dass sie ihre Tochter mit einem Teil von sich selbst, genauer gesagt mit einem lebenswichtigen Organ beschreibt, das zudem auch als Symbol der Liebe fungiert. Einen weiteren herauszuarbeitenden Aspekt stellt der parataktische Satzbau dar, welcher ein gutes Fundament für die Belebung des Textauszugs durch zahlreiche Ausrufe schafft. Zudem lässt die Verwendung eines überwiegend parataktischen Satzbaus die emotional aufgeheizte Atmosphäre des Auszugs deutlich authentischer wirken, da die Kommunizierenden klare und kurze Aussagen treffen. Dies spielt sehr gut mit den bereits behandelten kurzen Redeanteile bezüglich der Steigerung der Lebendigkeit des Textes zusammen. Des Weiteren ist anzuführen, dass sich in Z. 32 ein Vergleich auffinden lässt. So betont Frau Bergmann hier, sie wäre eher „darauf gefasst gewesen, dass die Sonne erlisch[e]", als Wendla aufgrund in diesem Alter tatsächlich praktizierter Sexualität aufklären zu müssen. Mit dem Ereignis des Erlischens der Sonne drückt Wendlas Mutter aus, dass sie die eingetretene Schwangerschaft Wendlas für sehr unwahrscheinlich, gewissermaßen für nahezu unmöglich gehalten hätte. Als letztes Stilmittel sollen die seitens der Mutter ausgedrückten Widersprüche, welche schon oben angeführt wurden, behandelt werden. So lässt sich sowohl in Z. 2, als auch in Z. 42 feststellen, dass die Mutter hier zunächst auf eine Frage Wendlas antwortet, dann dieser mitteilt, nichts sei geschehen und anschließend eine Antwort auf die Frage liefert. Die Verwendung der eingeschobenen Behauptung, welche widersprüchlich wirkt, könnte dem Zweck dienen, die Tochter für einen Moment beruhigen zu wollen. Auch könnten die auffindbaren Widersprüche Ausdruck der emotionalen Spannung sein, unter welcher die Mutter in diesem Auszug stehen mag.

Vergleich mit „Emilia Galotti"

Nachdem nun ausführlich auf einen Textauszug aus „Frühlings Erwachen. Eine Kindertragödie" eingegangen worden ist, gilt es nun, dieses Drama mit einem anderen literarischen Werk zu vergleichen. Speziell um die Frage, wie in diesen beiden Werken Schuld und Unschuld dargestellt wird, soll im Folgenden eingegangen werden. Als Vergleichswerk wird hier Gotthold Ephraim Lessings Werk „Emilia Galotti" angeführt, welches von der jungen Emilia handelt, deren Eltern sich erfreut über die baldige Hochzeit ihrer Tochter mit dem Grafen Appiani zeigen. Der einflussreiche Prinz hingegen, ist jedoch ebenfalls ein Verehrer Emilias, welcher diese für sich gewinnen will und ihr auflauert. Nachdem der Prinz seinem Kammerdiener Marinelli, welchem er seine Liebe zu Emilia und sein Bedauern über ihre baldige Hochzeit ausdrückt, erhebliche Machtbefugnisse erteilt hat, eskaliert die Situation, indem der Graf ermordet wird. Emilia und ihre Eltern finden zeitweise Zuflucht im Lustschloss des Prinzen, wo dieser auf ihre Tochter lauert. Um die Unschuld seiner Tochter vor dem Prinzen zu bewahren, rammt Emilias Vater ihr auf ihre Bitte hin einen Dolch ins Herz („Eine Rose gebrochen, ehe der Wind sie entblättert").

Nun gilt es, die Ausgangsbedingungen von Wendla und Emilia miteinander zu vergleichen. Während Wendla von ihrer Mutter noch nicht sexuell aufgeklärt worden und noch weit entfernt von einer Heirat ist, befindet sich Emilia in der Situation einer baldigen Vermählung mit dem Grafen. Zudem wirkt Wendla im vorliegenden Textauszug sehr kindlich und naiv, zumal sie glaubt, ohne eine Heirat keine Kinder bekommen zu können. Emilia hingegen zeigt sich durchaus in der Lage, die drohenden Gefahren zu erkennen und die Intrigen des Prinzen, welcher sie verführen möchte, zu durchschauen.

Weiterhin stellt sich die Frage, inwiefern Wendla und Emilia in den entsprechenden Dramen tatsächlich Schuld tragen. Man könnte insofern Emilia Schuld zusprechen, als dass man damit argumentieren könnte, sie könnte sich einfach vom Prinzen abwenden. Dem im Weg steht aber das hohe Machtgefälle des Prinzen sowie die gesellschaftlichen Strukturen, in welchen der Adel dem niedrigen Volk hierarchisch übergeordnet ist. Auch mag es aus Emilias Sicht schwer vorherzusehen sein, zu welchen Mitteln der Prinz greifen könne. In jedem Fall ist jedoch anzuführen, dass Emilia eine Anfälligkeit für die Verführung durch den Prinzen aufweist. Diese Triebhaftigkeit lässt sich auch in „Frühlings Erwachen. Eine Kindertragödie" auffinden, wo die Triebe Wendlas sie alleine erst in die Situation stürzen, in welcher sie durch religiös-traditionelle Werte gesellschaftlich an den Rand gedrängt wird. Insofern lässt sich bei beiden Personen eine gewisse Tirebhaftigkeit und somit auch ein gewisses Maß an Schuld auffinden.

Auch ist die Frage aufzuwerfen, was denn für die Unschuld Wendlas und Emilias spreche. Hier ist zuerst anzuführen, dass Emilia überhaupt erst in eine Zwickmühle gerät, da der Prinz und Marinelli in das Geschehen eingreifen. Dieses Eingreifen, für welches Emilia keinerlei Schuld trägt, bietet das Fundament für das daraus hervorgehende Geschehen. Zudem widersetzt Emilia sich auf ihrer Triebhaftigkeit, indem sie ihren Vater dazu auffordert, sie zu töten. Auch Wendla hat unter einem Fehltritt eines anderen Menschen zu leiden, für den sie keinerlei Schuld trägt. So wurde sie von ihrer Mutter nicht umfassend genug über Sexualität aufgeklärt. Auch dies hat ein Fundament für entstehende Probleme, nämlich die ungewollte Schwangerschaft, geschaffen.

Insgesamt lässt sich bezüglich der Schuld und Unschuld Wendlas und Emilias anführen, dass beide Personen den Fehltritten anderer Menschen unterworfen sind. Obwohl sie über ein gewisses Maß an Triebhaftigkeit verfügen, wäre das Problem, welches sie plagt ohne die Fehltritte bestimmter Menschen, welche sie umgeben, nie geschehen. Beide sind ihren Umständen unterworfen.

Schluss

Dass die Zustände für Frauen, welche ein selbstbestimmtes sexuelles Leben führen wollten im Mitteleuropa des 19. Jahrhunderts sehr schlecht waren, ist allgemein bekannt. Doch auch heute noch gibt es Staaten, in welchen diesbezüglich in der Zeit stehengeblieben zu sein scheint. Ein Paradebeispiel hierfür stellt das Königreich Saudi-Arabien dar, in welchem Ehebruch und andere gesellschaftlich nicht akzeptierte Handlungen mit Steinigungen bestraft werden. Junge Mädchen haben in der religiös-fundamentalistischen Gesellschaft wenig zu sagen und werden mit einem von der Familie bestimmten Ehemann verheiratet. Wer hier die eigene Sexualität entgegen der traditionell-religiösen Werte des Königreichs entfalten möchte, muss um Verfolgung fürchten. Hat eine Hochzeit erst einmal stattgefunden, so ist die Ehefrau ihrem Mann, wenn man so will ihrem „Prinzen", klar untergeordnet. Insgesamt lässt sich also sagen, dass Wedekinds Drama „Frühlings Erwachen. Eine Kindertragödie" keinesfalls nur die Zustände einer längst vergangenen Zeit widerspiegelt, sondern zahlreiche hier behandelte Elemente noch heute in Teilen der Welt gesellschaftliche Normalität sind.

Literatur

Lessing, Gotthold Ephraim: Emilia Galotti. Stuttgart. 2001.

Wedekind, Frank: Frühlings Erwachen. Eine Kindertragödie. Stuttgart. 2000.

BEI GRIN MACHT SICH IHR WISSEN BEZAHLT

- Wir veröffentlichen Ihre Hausarbeit, Bachelor- und Masterarbeit

- Ihr eigenes eBook und Buch - weltweit in allen wichtigen Shops

- Verdienen Sie an jedem Verkauf

Jetzt bei www.GRIN.com hochladen und kostenlos publizieren